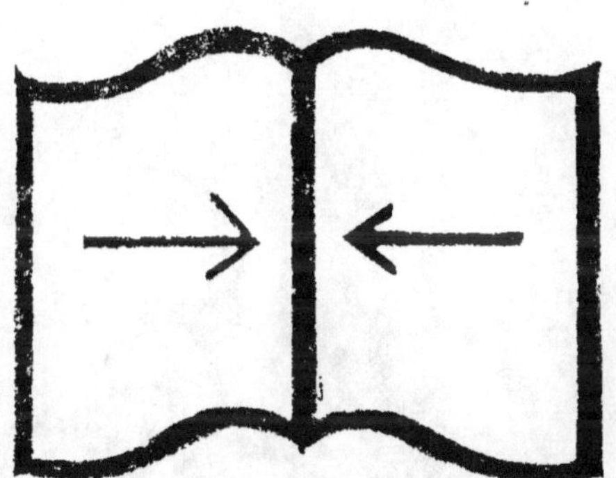

RELIURE SERREE
Absence de marges
intérieures

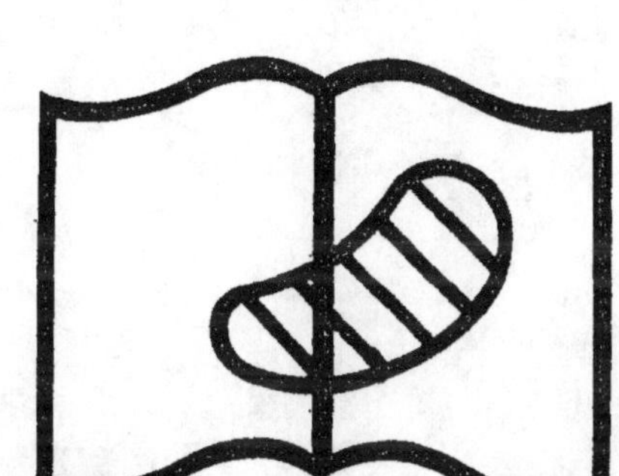

Illisibilité partielle

VALABLE POUR TOUT OU PARTIE DU
DOCUMENT REPRODUIT

LES TOMBEAUX,

OU

ESSAI SUR LES SÉPULTURES.

LES TOMBEAUX,

OU

ESSAI SUR LES SÉPULTURES.

OUVRAGE dans lequel l'Auteur rappelle les Coutumes des Anciens Peuples ; cite sommairement celles observées par les Modernes ; donne les procédés pour dissoudre les chairs, calciner les ossemens humains , les convertir en une substance indestructible , et en composer le médaillon de chaque individu :

SECONDE ÉDITION,

Revue, augmentée, et accompagnée des Plan , Coupe et Élévation d'un Monument Sépulcral à construire pour le Département de la Seine et les environs.

PAR P. GIRAUD , Architecte du Palais de Justice, des Prisons et Maisons d'Arrêt du Département de la Seine.

A PARIS,

CHEZ L'AUTEUR, rue de Lancry , n°. 37.
DESENNE , au Palais du Tribunal.
MÉQUIGNON, au Palais de Justice.
Libraires.

DE L'IMPRIMERIE de JACQUIN , rue du Cherche - Midi , n°. 293.
AN 9. (1801.)

ÉPITRE AUX MANES.

MANES SACRÉS,

Agréez cet Ouvrage ; il est digne de vous et des ames vertueuses.

Mon but est de vous venger pour toujours des outrages du tems et du caprice des hommes,

Puissé - je atteindre ce but ! Puisse l'humanité entière se pénétrer profondément de cette vérité constante : QUE TOUT INDIVIDU QUI NE RESPECTE PAS LES MORTS, EST BIEN PRÈS D'ASSASSINER LES VIVANS.

Mânes sacrés, vous sur-tout à qui j'ai eu le bonheur de prolonger l'existence de quelques jours ; (1) vous, que j'ai failli suivre de près pour cet acte de justice et de devoir, je vous salue !

____

(1) Les prisonniers, au mois de pluviôse an 2, alors au nombre de plus de 12,000.

Je n'ai échappé du naufrage que pour un moment : bientôt, sans doute, ma carrière sera finie et j'irai vous rejoindre ; mais je paraîtrai au milieu de vous avec cette tranquillité d'ame qui n'emporte pas après elle le remords et la honte d'avoir participé à ces mouvemens de trouble et de fureur, qui ont si long-tems désolé notre patrie.

AVANT PROPOS.

*P*ÉNÉTRÉ *de l'importance de mon objet, je veux descendre dans les tombeaux et même dans ces antres affreux destinés aux sépultures modernes, par le vandalisme ultra-révolutionnaire. Là, assis auprès des morts, je les interroge, je les consulte; et de retour au milieu des vivans, je propose d'élever un monument composé de leurs propres dépouilles, un monument digne d'eux et d'un grand peuple; enfin, un monument unique, presqu'indestructible, et fait pour exciter le zèle et l'imitation de tous les peuples.*

Je ne réitérerai pas ici les reproches que j'ai faits, dans un moment d'une juste indignation, contre certains personnages, que j'ai cités au tribunal de l'opinion publique. Au lieu de se justifier d'un abus de confiance, l'un d'eux n'a pas craint d'imprimer des injures : on sait que ces armes sont la ressource ordinaire de ceux qui se sentent coupables. Les pièces de comparaison que je produis à la fin de cet ouvrage prouvent que l'intrigue et la mauvaise-foi reçoivent tôt ou tard un démenti formel, et ménagent des regrets toujours inutiles devant un public qui juge avec sévérité.

Je n'ai pas cru pouvoir me dispenser de retracer à mes lecteurs les anciennes et modernes cérémonies funèbres, usitées chez les différens peuples de notre globe. Elles serviront de préambule et de préparation à la description sommaire du monument que j'ai projeté. Je rappellerai le plan du réglement que j'ai présenté dans mon premier Essai pour

honorer les morts et satisfaire leurs familles et leurs amis. Son exécution est même indépendante du parti qu'on pourra prendre, soit qu'on
persiste dans l'usage actuel des inhumations , soit qu'on adopte le procédé que j'indique pour dissoudre et liquefier les chairs , vitrifier et
modeler les ossemens.

Je joindrai à cet exposé le plan , la coupe et l'élévation du monument,
et j'en expliquerai les moyens d'exécution , d'après les réponses que
m'ont faites sur cet article , des physiciens et des chymistes expéri-
mentés.

LES TOMBEAUX,

OU

ESSAI SUR LES SÉPULTURES,

PAR P. GIRAUD.

C'est la seule vertu qui fait leur différence!

VOLT.

FUNÉRAILLES DES ANCIENS ET DES MODERNES.

DANS tous les tems et chez tous les peuples, l'amour, la reconnaissance, et même trop souvent, la vanité, ont consacré les funérailles par des cérémonies augustes, touchantes et symboliques. Chez chaque peuple, ces cérémonies diffèrent suivant le degré d esa civilisation, suivant ses mœurs et ses préjugés ; et chez presque tous, elles paraissent fondées sur le sentiment intime de l'immortalité de l'ame, et l'incertitude de sa destinée après sa séparation d'avec le corps.

De-là, sans doute, est provenu le saint respect pour le lieu consacré aux inhumations, que les anciens nommaient le *Champ du Repos*.

L'on sera aisément convaincu de l'existence universelle de cette pieuse vénération pour la dépouille mortelle de l'humanité, en jettant un coup-d'œil sur les usages des peuples tant anciens que modernes, les mieux connus, à l'égard de leurs funérailles.

Si parmi ces usages, il s'en trouve de bizarres, d'extravagans et même d'atroces, ce ne sont que des conséquences outrées, dont on ne peut appliquer le blâme au principe d'où elles émanent.

1

Je vais donc entrer en matière, en commençant par les peuples que les monumens historiques des tems les plus reculés nous font connaître.

L'Egypte , qui passe pour avoir été le berceau de la philosophie, des sciences , des arts et de la législation, est aussi le pays où la vénération pour les morts paraît avoir été portée au plus haut degré. Personne n'ignore avec quel art et quel soin les Egyptiens embaumaient le cadavre d'un père chéri. Ainsi préparé, il était souvent gardé à la maison par sa pieuse famille, qui, aux jours de fêtes, le plaçait à sa table, comme un convive, pour participer à la joie commune. Le respect pour ces précieux restes, était tel , qu'un Egyptien trouvait de l'argent à emprunter en donnant pour gage le corps de l'auteur de ses jours, et même celui de son frère (1).

Indépendamment de cet usage, pratiqué par quelques Egyptiens, il y avait un cimetière commun où aucun cadavre n'était admis qu'après un jugement public. Si le mort était convaincu d'avoir mené une vie scandaleuse, ou d'avoir commis quelque crime , on lui refusait une sépulture honorable , et on le jettait dans une espèce de voierie ou de fosse qu'on nommait *le Tartare*.

L'art des embaumemens n'a pas été pratiqué par les seuls Egyptiens ; on en trouve des vestiges chez plusieurs autres peuples; et tout le monde sait qu'il est encore en usage en Europe pour certains personnages distingués. Mais on sera peut-être bien aise de savoir que cet usage a eu lieu chez un peuple peu nombreux et assez obscur, qui le pratiquait avec beaucoup d'industrie ; les momies des *Guanches*, anciens habitans des Canaries, sont encore estimées des curieux, et peut-être autant recherchées que celles de l'Egypte.

Ce serait ici le lieu de dire un mot de ces monstrueux monumens de la vanité, que l'on présume avoir été érigés pour être le dernier asyle de quelques monarques dont les règnes sont inconnus, ou sur les-

____

(1) Voyez ce que je propose dans le projet qui est à la suite de ce discours.

quels on n'a que des conjectures vagues. Tout homme ; pour peu qu'il connaisse l'histoire ancienne, n'ignore ni l'existence , ni l'énormité de la masse des pyramides ; mais laissons aux conquérans modernes des rives fécondes du Nil, et aux savans observateurs qui partagent leur gloire , le soin de nous donner , de ces monumens, des notions plus détaillées et plus exactes que celles qui nous sont parvenues jusqu'à ce jour.

Je passe donc à un autre peuple voisin de l'Egypte , qui , pour avoir habité ce pays assez long-tems avant son établissement en Palestine , ne parait pas en avoir adopté un grand nombre d'usages.

Les Juifs enterraient les gens du peuple après avoir lavé leurs corps; mais ils embaumaient les personnes de distinction , et les enfermaient dans des sépulcres. On lit dans l'Ecriture que le corps d'Aza , roi de Juda, fut mis sur un lit de parade, rempli de parfums précieux , auxquels on mit le feu ; et cette cérémonie était pratiquée aux funérailles de tous les rois de Juda.

Les Juifs, comme la plupart des autres peuples , se servaient de pleureuses gagées, dont les lamentations étaient accompagnées du son triste et lugubre des flûtes. Ils conduisaient en grande pompe les morts au tombeau. Moyse en fait une loi expresse. Parens, amis et serviteurs , tous étaient obligés d'assister au convoi.

Leurs sépultures étaient hors des villes , et placées le long des grands chemins, dans des champs ou des jardins.

Les tombeaux étaient simples; les plus riches étaient creusés dans la pierre et surmontés d'un obélisque ; il faut cependant en excepter celui de David, que Salomon lui fit ériger, dans la ville de Jérusalem , avec la magnificence d'un puissant souverain.

Leur deuil était de soixante-dix jours pour les grands , et seulement de sept jours pour les particuliers.

Pour le porter , ils se couvraient de cendre, se revêtissaient d'un cilice, se privaient de tous plaisirs et jeûnaient rigoureusement.

Par une singularité remarquable , la religion ne paraissait entrer pour rien dans leurs cérémonies funéraires, et bien loin que les prêtres y fussent appellés, il leur était défendu d'y assister, sous peine d'encourir une souillure légale. Tous les Laïques qui s'y trouvaient étaient immondes , jusqu'à ce qu'ils se fussent purifiés.

Les Juifs modernes suivent d'autres pratiques, dont je m'abstiendrai de parler , chacun étant à portée d'en prendre connaissance.

Les anciens Grecs, ce peuple si digne de notre admiration , tant pour l'excellence de son goût dans les arts , sa civilisation, son amour pour la liberté , que pour la majesté et la richesse de son langage, les Grecs regardaient les sépultures comme un devoir sacré, recommandé par les Dieux : *pietatis officium est mortuos sepelire* , dit Pausanias. La croyance que leur avaient insinuée les poëtes, premiers instituteurs de tous les peuples, que les ames de ceux qui n'avaient pas reçu la sépulture restaient errantes sur les bords du Styx sans pouvoir être admises à passer ce fleuve pour arriver à leur dernière destination heureuse ou malheureuse suivant leur mérite, cette croyance sacrée ne leur faisait rien négliger pour rendre aux morts les derniers devoirs.

Chez les Athéniens , un général eut plutôt renoncé au titre de vainqueur , que de manquer à donner la sépulture aux soldats morts sur le champ de bataille. Tout officier infracteur de cette loi était puni d'une peine capitale , fut-il revenu victorieux.

Les Macédoniens avaient consacré le même principe, et Alexandre leur en donnait l'exemple.

Achille fut à jamais flétri dans l'opinion publique pour avoir vendu le cadavre d'Hector, son ennemi.

Une foule d'autres exemples, ainsi qu'un grand nombre de lois et de maximes des sages et des écrivains de cette nation éclairée , prouvent qu'elle n'a jamais négligé l'important et saint devoir du respect que l'on doit aux mânes de ceux qui ont parcouru leur carrière mortelle.

L'usage était de brûler les corps ou de les enterrer. Je n'entrerai
point

point dans les détails des cérémonies lugubres , usitées en cette circonstance. Si ces cérémonies n'étaient pas les mêmes chez tous les peuples de la Grèce, elles supposaient toutes ou le sentiment de la douleur d'avoir perdu ce qu'on a de plus cher , ou la reconnaissance des services rendus à la patrie , ou le desir de perpétuer la mémoire et les exemples des gens de bien, ainsi que la croyance de leur passage à une vie meilleure. C'est probablement à la réunion de tous ces sentimens , que certains personnages de la haute antiquité , célèbres et par leurs exploits et par d'éminens services rendus à l'humanité , ont dû les honneurs de l'apothéose ; et peut-être les Dieux supérieurs eux-mêmes n'étaient-ils que des hommes déifiés à une époque encore plus reculée !

Les romains, ce peuple tellement religieux que , suivant Cicéron , il ne devait qu'à sa piété sa conservation et ses succès, n'ont pas dû être inférieurs aux autres nations dans le respect dû aux morts et à leurs tombeaux.

Chez eux , il y avait deux espèces de funérailles. On brûlait les corps ou on les enterrait, et cet usage avait lieu de même chez plusieurs autres peuples , leurs contemporains.

Le premier honneur était réservé principalement aux grands et aux riches qui pouvaient faire les frais du bûcher , et lorsqu'on voulait que leurs cendres ne fussent pas confondues avec celles des matières employées pour la combustion , on enveloppait le corps dans un linceul tissu *d'amiante* que l'on sait être incombustible , ce qui augmentait considérablement la dépense. L'inhumation simple était réservée au reste du peuple.

Les romains portaient aux morts une telle vénération , que tout individu, quelle que fut sa qualité , qui se serait permis de leur faire insulte , était à l'instant condamné à perdre la vie.

L'on regardait comme un bonheur spécial de recevoir les derniers soupirs d'un agonisant, et si quelqu'un mourrait en pays étranger en l'absence d'un parent , la famille entière , se croyant au comble

du malheur, faisait apposer sur le sarcophage cette triste épitaphe:
Parentes infelicissimi filio infelicissimo.

Lorsqu'un Romain était assez heureux pour mourir au sein de sa
famille, ses plus proches parens lui fermaient les yeux, et tous ceux
qui étaient dans la maison l'appellaient plusieurs fois par son nom
à haute voix. Le mort ne répondant point, on le lavait avec de
l'eau chaude ; on le parfumait, et on lui mettait une robe blanche.
Dans cet état, on le plaçait sur le seuil de la porte, les pieds tournés
du côté de la rue ; et, en signe de deuil, on plantait un cyprès
au devant de la maison. Le mort restait ainsi exposé l'espace de sept
jours, pendant lesquels les parens allaient dans le temple de la
déesse *Libitine* achetter tous les objets nécessaires aux funérailles. Les
sept jours étant écoulés, le corps était porté au bûcher, si le
défunt avait demandé d'être brûlé, ou bien au lieu de la sépulture
s'il avait desiré d'être inhumé.

Le convoi marchait avec un appareil lugubre, et le mort était porté,
dans un cercueil découvert, par ses parens ou des gens qui remplis-
saient cette fonction. Si le défunt était un personnage grand, distingué ou remarquable par les emplois qu'il avait occupés, ou les
services par lesquels il s'était distingué envers sa patrie, les séna-
teurs et les magistrats lui rendaient eux-mêmes ce devoir. Il était
placé sur un lit orné d'un drap de pourpre, et on portait devant lui
les marques de sa dignité, les dépouilles qu'il avait remportées sur
l'ennemi, les images de ses ancêtres, en cire ; en un mot, tous les
monumens de sa gloire. Ses affranchis, ses parens, ses amis et ses
enfans suivaient le lit funèbre ; et des pleureuses gagées faisaient
retentir l'air de leurs lamentations.

Le convoi s'arrêtait dans la grande place de Rome, si le défunt
était une personne de distinction ; et là, un de ses parens ou amis
prononçait son éloge funèbre, après quoi on continuait la marche
jusqu'au bûcher. On y plaçait le corps, on l'arrosait de liqueurs
précieuses, et on avait soin de lui mettre dans la bouche une pièce de

monnaie, qu'il devait donner à CARON pour payer son passage au-delà du Styx. Ensuite les plus proches parens, tenant derrière eux un flambeau, et tournant le dos au bucher, y mettaient le feu. Lorsque la flamme commençait à s'élever, ils y jettaient les habits, les armes du défunt, et tout ce qui lui avait été cher pendant sa vie.

Le corps étant brûlé, l'on renfermait soigneusement dans une urne, ses cendres et ses os, après les avoir lavés avec du lait et du vin. Le sacrificateur trempait des branches d'olivier dans l'eau lustrale et en arrosait les assistans. Après cette cérémonie, une pleureuse disait à haute voix : *i, licet.* « Allez-vous-en, il vous est permis. » Alors, tous les assistans faisaient au défunt le dernier adieu, lui promettant de le rejoindre quand le destin aurait marqué leur dernière heure.

Les urnes, dans lesquelles on renfermait les cendres et les os, étaient de matière différente ; il y en avait de cuivre, d'or, d'argent, d'albâtre, de porphire, de marbre et de terre cuite. On les chargeait plus ou moins d'ornemens, de sculpture, d'inscriptions et d'épitaphes, selon l'opulence et la qualité des morts. On les plaçait dans des souterrains, et on les rangeait dans plusieurs niches, disposées les unes sur les autres. Dans ces urnes cinéraires, se mettaient ordinairement de petites fioles de terre cuite ou de verre, qui renfermaient les larmes que les pleureuses publiques et les parens versaient en abondance tant aux funérailles, qu'aux jours consacrés à pleurer les morts.

A l'égard de ceux dont on ne brûlait point les corps, on les mettait ordinairement dans des bierres de terre cuite, que l'on plaçait dans les sépulcres sur des tablettes de pierres préparées à cet effet ; ou, s'ils étaient des personnes de qualité, on les renfermait dans des tombeaux de pierre ou de marbre.

Les funérailles des simples particuliers se faisaient sans beaucoup de cérémonies, et l'on en faisait encore moins pour la classe inférieure du peuple, ainsi que pour les pauvres. On les portait au cimetière commun, nommé *le Champ-Esquilin*, situé hors des murs, parce que, par une loi expresse et très-sage, il était défendu d'inhumer dans le sein des villes. Cet abus dangereux avait eu lieu dans les commencemens de la république, et il fut aboli, excepté à l'égard des empereurs, des vestales et de quelques personnes illustres.

Je pourrais parler ici de la déification ou apothéose renouvellée de l'ancienne mythologie, en l'honneur de certains personnages célèbres, ou par leurs vertus, ou par leurs exploits militaires. Mais cet usage, fondé, dans son origine, sur la reconnaissance et l'admiration, dégénéra dans la suite en des abus grossiers et absurdes, et bien-tôt la dépravation devint telle que l'on ne rougit pas d'élever des temples ou d'établir des sacerdoces en mémoire, ou de monstres qui avaient avili l'humanité par leurs désordres et leurs cruautés, ou de femmes qui n'étaient célèbres que par leurs débauches, ou de favoris qui n'avaient, sans doute, mérité cette distinction que par de basses complaisances.

Tirons donc le voile sur ces tristes écarts de la raison humaine, qui ne prouvent que trop sa dégradation, lorsque devenue esclave, elle est réduite à flatter et à adorer la main qui lui donne des fers.

Je garderai le même silence sur les fêtes, les spectacles et les jeux établis pour célébrer la mémoire des morts, qu'on eut mieux honoré par des cérémonies simples, et sur-tout par l'imitation de leurs vertus. Ces détails d'ailleurs m'ameneraient à faire mention des combats horribles et sanguinaires des Gladiateurs, que la corruption d'un peuple avili ajouta à la solemnité des funérailles, spectacle révoltant auquel, par un abandon incroyable de sa sensibilité naturelle, le sexe le plus délicat prenait un plaisir qui tenait de l'ivresse ! Cependant le respect dû à l'humanité doit détourner nos regards de scènes aussi dégoûtantes, et qui ne peuvent que déshonorer notre espèce.

A ce tableau raccourci des usages des peuples anciens les mieux connus, et dont l'histoire nous offre des notions plus certaines, je pourrais ajouter celui des usages des autres peuples leurs contemporains,

porains, dont nous avons des connaissances ou des notices historiques. On y verrait qu'on n'en peut citer qu'un très petit nombre pour lesquels les morts et les tombeaux n'aient pas été un objet de vénération. Les usages barbares et atroces de quelques-uns n'étaient peut-être, et ne sont encore chez quelques nations isolées, que l'excès de cette vénération mal-entendue et l'application superstitieuse d'un principe pur dans son origine, comme je l'ai déja observé.

Si, chez quelques nations, l'on immolait, sur le bûcher ou sur le tombeau des morts, des esclaves et même des hommes libres, compagnons d'armes d'un chef militaire, comme chez les Gaulois; ou les épouses des défunts, comme chez les Indiens anciens et modernes; si l'on brûlait, ou si l'on enterrait des habits, des meubles, de l'argent, c'est qu'on se figurait que ces objets étaient nécessaires aux décédés, soit pour les besoins, soit pour les plaisirs de l'autre vie.

LES FRANCS, nos ancêtres, sortis de la Germanie, suivirent quelques-uns des usages dont je viens de parler, avant d'avoir embrassé le christianisme. Ils enterraient le cheval avec le cavalier tout armé; témoin le tombeau de Childeric trouvé aux environs de Tournai en 1655, monument qui prouve ce que nous rapporte Tacite sur les sépultures des Germains.

Ces peuples guerriers, ne connaissant d'autres délices que la guerre, mettaient la suprême félicité de l'autre vie dans les exercices militaires; leur grossière simplicité ne leur figurait pas d'autre jouissance que celle-là et celle de boire dans le crâne de leurs ennemis. Cette dernière opinion, enseignée par Odin, était reçue chez presque tous les peuples du Nord.

L'abrutissement avait porté les MASSAGÉTES, peuple Scyte, à massacrer, par un sentiment aveugle d'humanité, leurs parens accablés de viellesse; ils les faisaient cuire, puis les mangeaient, pensant que cette sépulture était la plus honorable, puisqu'elle les incorporait avec leur postérité. Ceux qui mouraient de langueur ou de maladie, étaient estimés malheureux, et l'estomac des chiens était leur tombeau.

D'autres, par une compassion aussi mal-entendue, les abandonnaient dans leur vieillesse, et les laissaient périr d'inanition dans leurs cabanes, où ils devenaient la proie des bêtes féroces. Ils croyaient par-là les soustraire aux maux de la décrépitude.

Les ICTIOPHAGES jettaient leurs morts à la mer, ou dans les rivières, ou dans les étangs, par le motif, sans doute, que l'élément, dont ils avaient tiré leur subsistance, devait être pour eux le séjour le plus agréable.

Les TROGLODITES, sans donner aucune marque de douleur, les convraient d'un tas de pierres jettées à l'avanture; ils accompagnaient cette barbare cérémonie de signes de réjouissance, fondée probablement sur le sentiment des misères de la vie, dont ils félicitaient les morts d'être délivrés.

Chez d'autres peuplades, le jour du décès d'un des leurs était un jour d'allégresse, celui de la naissance un jour de deuil; et cette pratique est peut-être plus philosophique que bien des gens ne seront portés à le croire.

On pourrait s'étendre à l'infini sur les funérailles des anciens; mais nécessairement, on ne ferait que répéter ce qui a été dit par une foule d'auteurs, qui ont traité cette matière, et il est aisé de les consulter.

Cette légère et faible esquisse des usages de quelques peuples ou civilisés, ou barbares, doit suffire pour le but que je me suis proposé, puisque je n'avais en vue que de prouver que le respect pour les morts date de la plus haute antiquité; qu'il a eu lieu chez tous les peuples, quoique pratiqué sous des formes différentes, et que, s'il s'est perpétué jusqu'à nous, c'est l'effet d'une pieuse et respectable tradition.

En effet, nous voyons que les peuples modernes ne sont pas moins zélés que ceux qui les ont précédés dans cette vénération religieuse pour la dépouille mortelle de l'humanité. Les nations qui sont parvenues à un haut degré de civilisation ont modifiée cette vénération d'après leurs usages, leurs mœurs et le culte qu'ils observent, en y mêlant, peut-être, quelques abus aisés à réformer.

LE CHRISTIANISME a fait disparaître les barbaries et les atrocités, qui n'ont souillé que trop long-tems les funérailles des anciens. Quant aux peuples moins civilisés, ou restés dans la barbarie, le tableau, que la plupart nous présente de leurs obsèques, fait toujours gémir la raison et quelques fois afflige l'humanité; cependant leurs cérémonies, je le répète, sont fondées sur un principe louable en lui-même, mais obscurci par l'ignorance et la brutalité.

Je me restraindrai le plus que je pourrai dans la notice que je vais donner des funérailles des peuples modernes, mon intention n'étant point d'en faire un traité, mais seulement de faire voir que dans une matière aussi importante pour les mœurs, les Français ne doivent pas se faire remarquer par une insouciance, qui, malgré leurs vertus et leurs bonnes qualités, pourrait les rendre l'opprobre des nations.

Il est tems en effet de déchirer le voile qui nous a momentanément aveuglé, et d'établir une manière touchante et respectueuse de célébrer les obsèques, sans nuire à la croyance d'aucun culte, sans donner la préférence à l'un sur l'autre, ni contredire l'opinion religieuse de qui que ce soit.

Les funérailles des CATHOLIQUES ROMAINS sont connues de chacun de nous, puisque chaque jour on peut les observer dans les temples de cette communion. Je dirai seulement que l'appareil en a toujours été, à mon avis, trop dispendieux, et que certains frais, que l'on y faisait autrefois, auraient été mieux employés, s'ils avaient été répandus dans le sein des pauvres. Le soulagement de l'humanité honorera toujours mieux la mémoire du décédé qu'une somptuosité déplacée, qui ne peut flatter que la vanité des vivans.

Quant aux PROTESTANS, les cérémonies de leurs funérailles diffèrent suivant les sectes et les pays où cette religion est suivie, et sont beaucoup plus simples, et par-là plus louables que celles des catholiques romains; mais par-tout c'est un appareil lugubre, une marche imposante et l'apparence d'une piété touchante, fondée sur la foi en une autre vie et l'espérance de la résurrection. En plusieurs endroits, les ministres de la religion sont les ministres des obsèques, et en d'autres, c'est le magistrat, sur-tout dans les pays où toutes les sectes sont tolérées. Dans ce cas, chacune d'elles peut observer, dans ses temples respectifs, ou au domicile du défunt, les rites de sa croyance, ainsi que cela se pratique aujourd'hui parmi nous.

Il est vraisemblable que, dans quelques contrées protestantes du Nord, on s'imagine que les morts prennent part aux plaisirs des vivans, puisque l'on y termine souvent les funérailles par des orgies, qui finissent toujours par l'ivresse complette des parens et amis invités à la cérémonie, et que l'on diffère quelques fois de plusieurs mois pour pouvoir y rassembler, de fort loin, un grand nombre d'assistans. La rigueur du climat permet de conserver les cadavres sans courir les risques de la putréfaction.

Les cérémonies des GRECS MODERNES diffèrent peu, quant au fond, de celles des catholiques romains. Cependant l'état de pauvreté où ils languissent les empêche d'y mettre beaucoup d'appareil. Avant de quitter le mort sur le bord de la fosse, où il a été porté dans un cercueil découvert, ses parens le baisent à la bouche, c'est un devoir indispensable, fut-il mort de la peste.

LES MOSCOVITES, qui suivent la liturgie grecque, ont cependant des usages particuliers dont quelques-uns tiennent, sans doute, à leurs mœurs ; je ne cite que celui de faire un présent de bierre, d'eau-de-vie et d'Hydromel, au prêtre, pour l'engager à prier pour le défunt. Ils baisent aussi le mort ou son cercueil avant de le quitter, et ensuite le prêtre lui met son passe-port dans la main, signé du métropolitain et du confesseur.

LES GÉORGIENS ont un usage à-peu-près semblable.

Quoiqu'il existe beaucoup de sectes chrétiennes autres que celles que je viens de citer, je m'abstiendrai d'en parler ; elles se ressemblent presque toutes sur les principales circonstances de leurs obsèques.

Cependant je présume que l'on apprendra avec quelqu'intérêt que

dans

dans certains cantons du Milanès, il régnait et règne, peut-être encore, un usage qui peut toucher les ames sensibles. Quand un cadavre
est consommé en terre, la famille à laquelle il appartient en fait
laver les ossemens , les nétoye avec soin et les dépose dans un
lieu commun, empaquetés avec des rubans et ornés de papier doré
ou colorié. Chaque famille a sa layette pour y placer ce précieux
dépôt, qu'une inscription aide à reconnaître, et qu'elle visite tous les
ans , le jour de la fête des Trépassés.

Maintenant jettons un coup-d'œil sur ce peuple jadis conquérant,
l'effroi de l'ancien monde ; et dont les opinions, ayant prévalu sur une
très-grande partie du globe , l'entretiennent encore dans l'ignorance
et la stupidité.

Personne n'ignore l'attachement des sectateurs de Mahomet à leurs
principes religieux. Regardant ce monde comme un *Caravanseras* ou
une hotellerie où l'homme ne fait que séjourner., comme en passant ,
toutes leurs vues ne se tournent que vers cet autre monde où les gens
de bien boiront à longs traits dans la coupe inépuisable de la volupté,
et où les méchans seront punis selon le degré de leur perversité. Rien
d'étonnant dès-lors dans les soins qu'ils se donnent pour ensevelir les
morts, dans l'appareil de leurs convois, et leur respect pour les
tombeaux.

Dès qu'un Mahométan a rendu l'esprit, on invoque sur lui le Dieu
de miséricorde, on lave son corps, on brûle des parfums, on l'enve-
loppe dans un suaire, de manière cependant qu'il puisse se mettre à
genoux pour subir son jugement dans l'autre monde. Cette cérémonie
est toujours accompagnée des lamentations des femmes qui se font en-
tendre de fort loin.

L'opinion où sont les mahométans que l'ame se rend la première au
lieu de la sépulture , a introduit parmi eux l'abus des inhumations
précipitées, dans l'idée que l'ame est dans un état de langueur
étant séparée du corps. Ainsi dès-que le défunt est enseveli , et que le

deuil que l'on fait autour de lui est fini, on le porte sur les épaules ; ou à la mosquée pour y être inhumé, s'il est riche ; ou, s'il est pauvre et dans un état de médiocrité, on le transporte au cimetière, après toutefois que les *Imans* lui ont fait les prières accoutumées à l'entrée du temple.

Le convoi arrivé au tombeau ; on descend le cercueil dans la fosse avec quelques sentences de l'alcoran. On n'y jette point la terre immédiatement, de crainte que son poids n'incommode le défunt.

Pour lui donner un peu d'air, on pose en travers de longues pierres qui forment une espèce de voûte sur le cadavre, en sorte qu'il est enfermé comme dans un coffre.

On place ordinairement sur la tombe quelques attributs qui désignent la profession de celui qui y est inhumé.

Aux jours consacrés à la visite des tombeaux, l'on y porte de toutes sortes de mets pour la subsistance des pauvres et même des animaux.

Il est rare qu'un riche mahométan meurt, sans avoir fait quelques pieux legs pour lui servir de passe-port dans la vie future. L'un fonde une mosquée, l'autre un *Caravanseras* pour loger gratuitement les voyageurs, un autre ordonne des aumônes, etc. etc.

En pénétrant plus avant vers l'Orient, on trouve un peuple célèbre par son antiquité. Les connoissances qu'on lui attribue, son industrie et même la douceur de ses mœurs, font un contraste bien frappant avec ce que je vais en dire. On voit que je veux parler des Indiens.

Chez ce peuple, au moins parmi les *Bramines*, la principale, la plus noble et la plus respectée de ses castes, on est dans l'usage immémorial de brûler les cadavres, et personne n'ignore celui où sont les femmes de s'y faire brûler toutes vives avec le corps de leurs maris, en observant des cérémonies qui varient suivant les différentes contrées. A la vérité, celles qui ont des enfans peuvent impunément se soustraire à ce sort inhumain ; mais celles qui n'en ont point et qui s'y refusent, car elles n'y sont pas contraintes, sont deshonnorées et mènent une vie si misérable, que quelques-unes lui préfèrent le bûcher.

L'on assure cependant que ces actes de dévoucment ou de désespoir deviennent chaque jour plus rares dans les Indes. Les Mahométans et les Européens qui y dominent font tout ce qui dépend d'eux pour faire disparaître un usage si révoltant pour l'humanité.

On attache sans doute un grand mérite à cet héroïsme de l'amour conjugal, puisque dans quelques endroits on s'empresse de charger la victime de lettres pour l'autre monde, qu'elle promet de remettre à leur adresse.

Si je ne craignais de fatiguer le lecteur de détails plus ou moins bizarres, superstitieux et absurdes, il me serait aisé de passer ici en revue tous les peuples du globe, mais on n'y verrait que l'application du principe dont je suis parti, modifié d'après les mœurs, les usages, les préjugés et les cultes des différentes nations. Au reste il paraît que toutes celles qui n'ont embrassé ni le mahométisme, ni le christianisme, ont conservé ou peu changé leurs anciens usages, ainsi elles doivent être mises au rang des peuples anciens dont j'ai indiqué quelques-uns. Quiconque sera curieux de se convaincre plus amplement de ce respect universel pour les morts en trouvera des preuves sans nombre dans l'histoire ancienne et moderne, dans les monumens, les ruines, et les relations des voyageurs.

Mais en terminant ce court essai, je ne puis résister à l'envie de mettre sous les yeux du lecteur un trait naïf et touchant d'une peuplade du Nord de l'Amérique qui prouve que, dans les coins les plus reculés du monde, ce respect pour les mânes, sur lequel j'ai tant insisté, est porté au point qu'il est identifié avec l'amour de la patrie chez quelques nations les moins civilisées, et que dès-lors on ne doit point le regarder comme un sentiment factice, mais comme une affection dictée par la nature.

Des députés d'une nation européenne se présentent devant les chefs de cette horde sauvage pour leur demander l'échange de leur territoire contre un autre sol qu'on leur désignait.

« Si nous quittons notre terre natale, répondent ces chefs, avec une
» sensibilité attendrissante, qu'en penseront les ombres de nos ancê-
» tres? Dirons-nous à leurs cendres, levez-vous et suivez nous? Vous
» sentez que cela est impossible.

Français ! que cette leçon soit éternellement gravée dans vos cœurs ! Et vous modernes Vendales, vous ultra-révolutionnaires qui avez ouvert et livré les tombeaux, foulé aux pieds et jetté au hasard les tristes dépouilles de vos aïeux, retirez vous au fond de la Barbarie ! Là vous puiserez dans l'expérience des principes que vous avez dédaigné de recevoir et d'adopter chez un peuple policé qui a eu le malheur de vous voir naître dans son sein, et de vous compter trop long-tems au nombre de ses membres.

DESCRIPTION

DESCRIPTION

DU MONUMENT SÉPULCRAL,

ET

PROJET DE CÉRÉMONIES FUNÈBRES.

S ELON mon projet, il ne faudrait pour le département de la Seine qu'un emplacement de 65 mètres de rayon. Trois endroits me paroissent propres à cette destination.

Le 1er. près de l'Étoile, où l'on avait commencé une école militaire pour les jeunes orphelins.

Le 2e. sur la Butte du Mont-Parnasse.

Le 3e. Sur la Butte-Chaumont, près de Belleville.

Le 1er. est selon moi, préférable au deux autres, tant à cause de la dénomination de la promenade (1) que l'on traverserait sans incommoder le public, que par ses accès faciles, la beauté de ses avenues, et de son élévation qui inspirerait aux voyageurs étonnés une douce mélancolie en appercevant de loin le dernier asile des hommes vertueux.

Quelque soit celui des trois emplacemens que l'on adopte pour le monument, il faudrait établir dans chaque municipalité un dépôt où l'on porterait les morts en attendant le cortège.

Le monument serait entouré d'un fossé en forme de saut-de-loup,

---

(1) Les Champs-Elysées.

et le talus du côté de la campagne serait planté d'ifs, d'aubépine, etc. taillés suivant la pente du terrain.

Au-dessus du mur terminant le fossé, et d'un second mur au dedans du *champ de repos*, distans l'un de l'autre de quatre mètres dans œuvre (12 pieds environ) s'élèverait une galerie, décorée sur chaque face de colonnes, d'arcades à jour, dans le vide desquelles on placerait des tombeaux antiques, et au-dessus, des lampes sépulchrales suspendues par des guirlandes.

Les colonnes seraient en verre provenant d'ossemens humains, puisés dans les anciens cimetières abandonnés (1), et le surplus en pierre de roche comme la meilleure et la plus durable que l'on connaisse dans les environs de Paris, ou mieux encore en granit de France, mais toujours revêtu au dehors avec le même verre auquel on donnerait la couleur qu'une décoration sagement ménagée exigerait.

On pratiquerait sous les galeries, des catacombes éclairées mystérieusement, et on y descendrait par quatre perrons doubles en dedans du Champ de Repos.

Quoique je propose de construire quatre pavillons correspondans aux quatre poin's cardinaux, l'un dédié à l'enfance, l'autre à la jeunesse, le 3ᵉ. à l'âge viril, et le 4ᵉ. à la vieillesse, néanmoins le cours des galeries et des catacombes ne serait pas interrompu. Ces pavillons n'auraient chacun d'autre ouverture sur la face du côté de la campagne, qu'une grande arcade, garnie de sa grille, et sur les parties lisses on graverait, ou on incrusterait des inscriptions analogues à la destination du monument.

Ces mêmes pavillons seraient destinés:

1°. Aux logemens du concierge et des autres employés subalternes.

---

(1) Si l'on éprouvoit quelques difficultés à faire un aussi noble emploi de ces restes précieux de l'humanité, alors on leur substitueroit des os d'animaux domestiques, tels que ceux de bœuf, de mouton, de cheval, etc.

2°. Aux cabinets et laboratoires des médecins, chirurgiens et chimistes que je voudrais attacher au monument, et dont les fonctions principales consisteraient dans la recherche des causes des diverses maladies occultes qui affligent l'humanité, et à indiquer les moyens de s'en préserver, ou au moins d'éloigner les effets funestes qui s'en suivent, faute de les connaître à tems.

3°. Quatre pièces, disposées en forme d'oratoire, pour tous les genres de culte indistinctement, seraient réservées aux personnes qui viendraient se recueillir et méditer après avoir visité les tombeaux.

Au centre du monument s'éleverait une pyramide surmontée d'un trépied antique portant un globe étincelant, (1) sur le transparant duquel on lirait ces mots sacrés :

RESPECT AUX MANES.

Dans le soubassement de la pyramide on construirait un fourneau, et au-dessus quatre chaudières capables de contenir, 1, 2, 3 et 4 cadavres immergés dans une lessive caustique, *dite des savonniers*, qui, comme on le sait, a la propriété de séparer entièrement les os des chairs et des graisses.

Les matières animales, réduites en gelée, puis en cendres, sont susceptibles d'être placées derrière le médaillon représentant l'individu, et même d'être ajoutées avec la matière vitrifiable.

Comme ces procédés exigeront une certaine dépense, quoique faible en elle-même, en raison de l'importance de leur destination, et de la moralité qui y est attachée, les personnes peu fortunées, qui ne pourraient pas faire les frais de la vitrification, et qui cependant desireraient conserver au moins le squelette de l'objet de leur affection, pourraient le réclamer, et on le leur délivrerait en payant le coût de

---

(1) Ce globe aurait la double destination de neutraliser les miasmes putrides qui sortiraient des chaudières dont il sera parlé, et de servir de fanal pendant la nuit.

la dissolution des chairs, après, toutefois, qu'elles auraient déclaré aux autorités compétentes l'usage qu'elles voudraient en faire, et désigné le lieu où elles se proposeraient de le déposer.

Ceux de ces squelettes qui ne seraient pas réclamés, et qui sembleraient par-là n'intéresser ni parens ni amis, seraient portés dans les catacombes, rangés par ordre de numéros, avec les noms, prénoms des défunts, le jour de leur décès, etc.; et le résidu des chairs serait déposé dans l'une des huit fosses du *Champ de Repos*. Après un an écoulé, leurs ossemens seraient convertis en verre pour ajouter à la composition des monumens indiqués sous la galerie. C'est ainsi que de la chose même, on formerait un ensemble intéressant, et que l'on parviendrait, en peu d'années, à terminer un monument unique dans son genre ; plus majestueux que tous ceux que l'Egypte se glorifie de posséder, digne d'être cité dans les fastes de l'histoire des Français, et propre à exciter l'envie et l'émulation de tous les peuples de la terre.

Je ne parlerai pas du digesteur de Papin, à moins qu'on ne prouve que l'on pourrait se servir sans danger d'une marmite assez grande pour contenir un corps entier sans dissection, et avec des dépenses aussi faibles que celles que je propose de mettre en pratique. Au reste, c'est une nouvelle carrière ouverte aux savans.

Il résulte de mon projet cinq avantages importans sous tous les rapports :

Le 1er., que l'on n'aurait plus à craindre les émanations putrides et même pestilentielles qui s'exhalent des tombeaux actuels, et surtout des fosses générales, qui n'ont été imaginées que par l'ignorance et la barbarie.

Le 2e., que chaque famille pourrait recueillir, à peu de frais, les restes de ses parens ou amis, et les placer en grand nombre dans un très-petit local.

Le 3e., que ceux qui y renonceraient, soit parce qu'ils ne pourraient

raient subvenir aux premières dépenses , soit faute d'emplacement, soit enfin par indifférence ou autres motifs particuliers, n'auraient pas à se plaindre , et il n'y aurait même rien d'humiliant pour eux , puisque la loi serait commune , et que la même fosse contiendrait indistinctement toutes les dépouilles animales, mais avec moins de volume , et sans aucun inconvénient pour les vivans.

Le 4e., qui est le moindre , qu'au lieu de 40 ou 50 arpens de terrein nécessaire pour les sépultures actuelles, de Paris seulement , 6 arpens seraient plus que suffisans pour tout le département de la Seine et même pour un rayon de 10 lieues.

Enfin le 5e. que toutes les classes, toutes les sectes seraient mesurées à la même règle.

Oh ! combien de pareils monumens seraient utiles aux mœurs ! Combien d'enfans seraient naturellement détournés , dès leur plus tendre jeunesse, de la route du crime et même de la dissipation , à la seule vue des médaillons de leurs vertueux ancêtres !

Que l'on se figure une jeune fille sans expérience, pressée par un vil séducteur : si au moment où elle est près de succomber, elle se souvient des leçons de sa mère ; si elle peut jetter un coup d'œil sur le portrait composé de la propre substance de cet objet respectable et chéri , alors elle le croit présent quoiqu'inanimé, aussi-tôt ses forces renaissent, la vertu reprend tout son empire , et le séducteur disparait.

On graverait, au bas des médaillons ou des urnes, les divers emplois par lesquels les individus auraient passé, la manière avec laquelle ils s'y seraient comportés ; leurs qualités personnelles, de bon fils, bon mari, bon père, amis de l'ordre et de leurs semblables , après toutefois que les traits, qui auraient rapport à des fonctions publiques, auraient été soumis à la censure des autorités constituées, auprès et sous les yeux desquelles ils auraient exercé ces fonctions.

Tendres mères , qui vous êtes constamment appliquées à faire le bonheur de vos maris, à élever vos enfans dans la pratique des vertus; vous, qui dans les tourmentes de la révolution, avez donné tant de fois, *sous mes yeux*, des preuves si éclatantes de vos sollicitudes pour vos époux, et qui avez souvent partagé avec eux les horreurs des prisons et des cachots, vos portraits ornés des inscriptions les plus touchantes, composés de votre propre substance, conservés dans l'intérieur de vos familles, rappelleront vos leçons et vos exemples, et en perpétueront l'énergie et l'efficacité.

Mais en offrant des moyens infaillibles pour conserver la mémoire des hommes estimables de l'un et de l'autre sexe, en circonscrivant dans une seule enceinte le dépôt général des morts, je n'ai cependant pas le dessein de confondre les cendres des personnes sans reproches avec celles des êtres dégénérés que la justice exclut du sein de la société; je manquerais mon but, puisqu'il ne tend essentiellement qu'à l'amélioration et à la perfection des mœurs.

Les corps des criminels seraient transportés dans un lieu séparé en face du précédent, pour servir d'ombre au tableau, et dans une partie de terrain renfoncé. Sa fermeture ne consisterait qu'en un mur à hauteur d'appui.

Au centre du cimetière, on établirait un fourneau et une chaudière. Leurs chairs seraient dissoutes et leurs ossemens calcinés pour être inhumés dans une fosse générale. La porte d'entrée serait d'un style sévère, et on graverait au-dessus cette inscription terrible :

SÉPULTURE DES CRIMINELS.

Que l'on juge de l'effet que cette inscription flétrissante ferait sur tous les esprits, et de ses heureux résultats !

Cependant, quelqu'affligeante que soit pour mon âme l'idée qu'il existe des scélérats de profession et absolument incorrigibles, (1)

---

(1) Je transcrivais cette phrase de mon premier Essai sur les Sépultures, publié en l'an 7, au moment où j'ai entendu de mon cabinet, l'explosion de la machine infernale, du 3 nivose. O vous, hommes perfides, à qui on s'était plu, jusqu'à ce moment, à pardonner tous les écarts, même les plus criminels, quand mériterez-vous d'être comptés parmi les Français !

je ne serais pas d'avis que l'on refusât à des parens honnêtes et déjà
trop malheureux , la faculté de réclamer ces hideux cadavres, immédiatement après que la loi les aurait frappés.

J'ai senti d'avance que cette sévérité de principes ne serait pas du
goût de tout le monde : mais pour peu que l'on réfléchisse sur le passé,
sur les motifs qui me déterminent à proposer des mesures aussi rigou-
reuses et qui répugnent à mon cœur, on conviendra qu'une expérience
de soixante siècles vaut bien celle du moment, et que le meilleur
moyen d'encourager et de propager la vertu , c'est de poursuivre le
criminel, reconnu incorrigible, jusque dans ses derniers retranchemens.
C'est ainsi que l'on peut concevoir l'espérance de rappeller à la société
tous ceux que les mauvais conseils, les mauvais exemples ont conduits
sur le bord du précipice. Que l'on ne s'y trompe pas , les chefs de
factions ne pardonnent jamais l'indulgence qu'on a eue pour eux.

J'éloigne mes regards de cet affreux tableau , et je passe aux cérémonies funèbres que je propose d'observer , soit que l'on persiste
dans le projet des anciennes sépultures , soit que l'on adopte la dissolution des chairs et la vitrification des ossemens humains.

CÉRÉMONIES FUNÈBRES.

Tous les soirs, à la chûte du jour, il partirait de chaque dépôt un
cortège , composé d'un officier public et de quatre cavaliers qui pré-
céderaient le convoi. Chacun d'eux tiendrait à la main une torche
allumée.

Les voitures de transport, susceptibles de contenir depuis 4 jusqu'à
12 cadavres, seraient drapées en noir. Une lampe sépulcrale couron-
nerait l'impériale , et le plus morne silence serait observé dans cette
cérémonie lugubre et religieuse.

Les parens et amis pourraient suivre le convoi, soit à pied , soit en
voiture ; mais sans lumière, pour ne pas causer la moindre humiliation
à ceux qui ne pourraient pas en faire les frais, et encore pour ne

laisser à aucune secte les moyens de se distinguer d'une autre secte. Ceux qui seraient en voiture fermeraient la marche du convoi.

Arrivé *au champ de repos* , l'officier public ferait transporter les cadavres dans le dépositoire qui leur serait destiné , sous la garde, la surveillance , et la responsabilité du concierge , à qui il en remettrait la liste détaillée , et dont il retirerait un récipissé sur une feuille, par *duplicata.*

Si quelqu'un voulait prononcer un éloge funèbre , en l'honneur d'un parent , d'un ami , ou d'un homme distingué par ses vertus, ses talens , le corps, avant de descendre dans le souterrain , serait placé sur un cippe, (1) destiné à l'exposition pendant la cérémonie. Aussitot qu'elle serait achevée , le cortège se retirerait en ordre , mais toutes les torches seraient éteintes , et la seule lampe au-dessus de la voiture resterait allumée.

Il n'est peut-être pas inutile d'observer ici combien la chimie , la médecine et la chirurgie acquerraient de nouvelles connaissances , et avec quelle rapidité les élèves de ces trois arts importans pourraient faire des progrès dans l'étude du corps humain , si l'on établissait dans l'enceinte une section de professeurs de chaque espèce. Aussi, je le répète, voudrais-je que la direction du classement de ces restes précieux de l'humanité, et la manière d'en diriger toutes les opérations , fussent confiées à des chimistes , des médecins et des chirurgiens déja connus par leurs talens , leur moralité et la réputation justement acquise d'hommes probes et irréprochables. Leurs fonctions seraient donc regardées comme une marque distinctive et une récompence honorable, dues à l'artiste consommé dans son art. Le gouvernement fixerait les appointemens.

Je n'ai jamais eu la faiblesse d'attacher une trop haute idée à mes opinions particulières ; au contraire , je me suis toujours imposé

---

(1) J'ai préféré ce monument antique à tous les autres , parcequ'il servait autrefois à marquer les distances sur les grandes routes. Il indiquerait ici le terme de notre vie passagère.

le

le devoir de les soumettre au jugement du public et des gens de l'art ;
et de me conformer à leur décision. Mais je suis si convaincu du bien
infini qui résulterait de l'exécution de ce projet, que, si elle n'a pas
lieu avant ma mort, j'ai recommandé d'avance, et je ne cesserai de
recommander à ma femme et à mes enfans de me faire servir d'exemple, en traitant avec un savonnier ou un chirurgien, pour séparer
mes os du reste de ma dépouille, de mettre le feu aux chairs et aux
graisses, et de réunir les cendres qui en proviendront avec mon
squelette dans le tombeau que j'ai fait construire tout exprès dans
mon jardin, en attendant que mes descendans puissent faire convertir
mes os en verre. Je compte même sur cet acte de respect et de reconnaissance.

Et toi, chère et tendre épouse, qui, dans toutes les circonstances
pénibles de ma vie, as partagé mes sollicitudes et secondé mes efforts
avec un courage peu commun ! Toi, qui as toujours sacrifié et même
dédaigné les plaisirs les plus innocens, toutes les fois qu'ils pouvaient
te distraire des soins domestiques et t'éloigner un instant de moi et
de nos enfans, ne crains pas de passer après ta mort par les épreuves
que je sollicite, et de venir te placer à côté de moi dans le même
tombeau !

Puissent nos enfans nous donner à l'un et à l'autre ces preuves certaines de leur piété filiale ! Puissent-ils sentir la morale qui y est
attachée, et engager les leurs à profiter pour eux de cet exemple !
Alors la vertu sera la seule égide sous laquelle ils voudront marcher,
et ils ne verront dans la tombe et dans cette nouvelle transformation
qu'un repos et une récompense pour l'homme juste.

Si ce projet pouvait obtenir à l'instant de la faveur dans l'opinion
publique, je voudrais que son exécution fut ordonnée par une loi
générale, au moins pour les grandes villes. Je voudrais encore que
celui des enfans, qui aurait le mieux mérité de ses parens, de ses
semblables et de la patrie, fut l'héritier naturel des ossemens,
cendres ou médaillons de ses aïeux ; qu'il put les emporter par-tout

comme un meuble, à la charge d'en répondre au reste de la famille, et de les lui représenter toutes les fois qu'elle le demanderait ; qu'il fut expressément défendu , sous les peines les plus graves , de les mettre jamais en gage , et aux créanciers d'exercer aucunes saisies , sous quelque prétexte que ce fut, sur ces restes sacrés de la piété filiale ; et enfin que si des malheurs imprévus mettaient le dépositaire dans l'impossibilité absolue de les conserver , ils puissent être réclamés par celui des autres enfans ou parens, qui voudrait les obtenir. La préférence serait toujours accordée au plus proche du côté paternel , et à défaut des uns et des autres , un ami serait autorisé à les revendiquer ; ou ils appartiendraient à la nation , qui les ferait déposer dans les catacombes publiques , pour être convertis en verre, s'ils ne l'avaient déjà été, et servir à completter les monumens indiqués sous les galeries.

Voyez les plans, coupes et élévations , ci-joints.

J'ai exposé franchement mon opinion bien prononcée sur la dissolution des chairs et la vitrification des ossemens humains. Je sais que plusieurs personnes, très estimables d'ailleurs, ne se rangeront pas de mon avis. Mais il n'est rien de si juste que de laisser à tous une liberté entière à cet égard. Je pense donc que l'on ne peut se dispenser d'établir promptement quatre cimetières , hors les murs de Paris, de chacuns dix arpens au moins d'étendue , pour les sépultures ordinaires ; deux au Nord , deux au Midi, où chaque famille aura la faculté d'élever tel monument que bon lui semblera, en se conformant toutefois aux réglemens.

J'approuve également les sépultures particulières, dans les jardins ; pourvu que l'on veille avec soin à ce que les voisins ne puissent jamais en être incommodés : mais, à l'instar des Romains , je les préférerais sur le bord des grandes routes , sur-tout quand elles seraient accompagnées de monumens.

E X T R A I T de l'ouvrage de BECKER, *intitulé* :Phisica subterranea.*,*
imprimé à Leipsic en 1768 *, in-4°. page* 67 *, lib.* 1. *sect.* 3 *, cap.* 3 *,*
n°. 2.

L'auteur annonce d'abord que la terre provenante de la décompo-
sition de l'homme, est la plus vitrifiable de toutes, et qu'elle produit
un très-beau verre; mais qu'il n'en révélera point le procédé, parcequ'il craindrait de commettre un sacrilége.

Nota. *Dans le tems où le célèbre Bécker écrivait, sa faiblesse était*
excusable:

Ensuite il dit :

O utinam, consuetum foret et amicos haberem qui ultimam illam opellam siccis et multis laboribus exhaustis ossibus meis aliquando præstarent ! qui, inquam, ea in diaphanam illam, nullis sæculis corruptibilem substantiam redigerent, suavissimum sui generis colorem, non quidem vegetabilium virorem, tremuli tamen Narisculi ideam lacteam præstantem, quod paucis quidem horis fieri posset, ut argumentum fierint divinæ omnipotentiæ in die resurrectionis et clarificationis nobis eventuræ.

Plut à Dieu que l'usage s'en fût introduit (de brûler les corps), et que j'eusse des amis qui rendissent un jour ce dernier office à mes os desséchés et exténués par mes nombreux travaux ! ils les convertiraient en cette substance diaphane à jamais incorruptible, qui est d'une couleur très-agréable et particulière. Elle n'a point cette verdure des végétaux ; cependant elle présente le coup-d œil laiteux et chatoyant d'un jeune Narcisse. Cette opération, qui peut s'exécuter en peu d'heures, est une preuve de ce que la toute-puissance divine fera le jour de notre brillante résurrection.

Nonne melius illis foret quàm ut jam sub terrá putrescerent, et semi-

Cela ne vaudrait-il pas mieux que de faire pourrir mes os dans

putrida publicis locis exposita, præ-
tereuntibus , imprimis gravidis et
pueris , hiantibus oculorum orbitis ,
dentibus necdum absumtis , variis·
que faciei sinubus obcessibus tre-
mendum spectaculum essent , ut
terribilem magis mortem quam ama-
bilem redderent?

la terre , pour être ensuite disséminés , moitié consumés , sur un cimetière ? Là , mon crâne rongé par la sanie, escorté de quelques vestiges de dents, présentera des cavités hideuses à la place des yeux. Ce spectacle effraiera les passans, sur-tout les enfans et les femmes enceintes. Loin de familiariser avec l'idée de la mort , il ne la rendra que plus horrible et plus épouvantable.

Procédé pour faire une bonne lessive , DITE DES SAVONNIERS, propre à dissoudre les chairs humaines ; PAR M.....BE.

« Il faut avoir de la soude, de la première qualité, et de la meilleure chaux vive. On fait fuser celle-ci, soit en la trempant par parties dans l'eau , au moyen d'un panier d'osier, et la retirant tout de suite après son immersion, soit en répandant dessus une modique quantité d'eau, pour la faire effleurir.

» Sur cent parties de soude, on prend 30 à 40 parties de chaux-vive, qu'on mêle , après son efflorescence , avec la soude réduite en morceaux concassés, à environ la grosseur d'une noisette. Ce mélange formera un tout, d'environ cent trente-cinq parties, qu'on transportera dans un cuvier , auquel on aura adapté une canelle ou un robinet, pour en retirer la lessive, comme il sera dit ci-après. On aura soin de mettre quelques brins de bouleau, recouverts d'un morceau de serpellière , arrangés de manière que la lessive puisse couler claire.

» Sur

» Sur ces cent trente-cinq parties de mélange de soude et de chaux, on versera cent trente-cinq parties d'eau de rivière ou de fontaine ; on jugera qu'il y a de l'eau suffisamment, si la charrée ou le dit mélange reste couvert de trois à quatre doigts de liquide.

» On laissera s'imbiber le tout, pendant vingt-quatre heures, au bout du quel tems, on retirera environ le huitième de la quantité d'eau employée.

» Ainsi donc, de la quantité susdite, on fera l'extraction de dix-sept parties de lessive, qui doit se trouver de 32 et $\frac{1}{2}$ degrés, à l'aréomètre de Baumé.

» 2º. Le lendemain à pareille distance de 24 heures, 2ᵉ. extraction de même quantité de lessive marquant . . . . 32 degrés.

» 3º. Le lendemain *idem*, à 31

» 4º. *idem*, à 28

» 5º. *idem*, à 26

» 6º. *idem*, à 22

» On réunira ces six extractions, = 102 parties toutes ensemble, pour former une seule lessive de 28 $\frac{1}{2}$ degrés, c'est ce qu'on appelle lessive *forte*, laquelle dissout toutes les matières animales graisseuses.

» Le jour suivant on continue les extractions, dont la 1ᵉʳᵉ. doit marquer à l'aréomètre . . . . 18 degrés.

» La 2ᵉ., ... 16

» La 3ᵉ, ... 15

» La 4ᵉ., ... 14

» La 5ᵉ., ... 13

» La 6ᵉ., ... 12

» Lesquelles mélangées ensemble donneront une lessive dite *moyenne*, qui se trouvera de 14 $\frac{1}{2}$.

» Si l'on voulait la porter à la force de la première ci-dessus, c'està-dire, à 28 ½, il faudrait la concentrer dans un chaudron de fer sur le feu.

» On retirera encore de la charrée, égale quantité de lessive qu'à chacune des autres fois, depuis dix degrés jusqu'à un, pour épuiser le sel, c'est ce qu'on appelle lessive *faible*. On la peut concentrer au point des précédentes, en la faisant réduire ou évaporer convena-blement.

» *Nota*. On sait qu'on ne mêle de la chaux vive avec la soude que pour enlever à ce sel son acide carbonique, et la rendre caustique.

» Plus la lessive est concentrée, plus elle est caustique, plus elle a d'action ; mais elle ne peut guère excéder 32 degrés sans qu'il se précipite une partie du sel, et elle est assez forte à ce point pour la dissolution de toutes les matières grasses, et en former une espèce de savon.

» Les rapports de la soude et de la chaux vive sont toujours semblables, soit qu'on emploie une plus ou moins grande quantité de la première. Ainsi, par exemple, pour 50 liv. de soude, on ne prend que 20 liv. de chaux.

» Quand on veut affaiblir une lessive forte, on la mêle avec une faible, ou avec de l'eau pure, dans un rapport facile à calculer.

» Une pinte de lessive, à 25 degrés, contient 8 onces de sel alkali caustique. Réduisant la pinte et la livre, ou les onces ses parties aliquotes, à la valeur et la dénomination des mesures actuelles, on en énoncera les rapports en d'autres termes.

» Une pinte de lessive à 32 ½ degrés, contient 10 onces 5 gros 14 grains $\frac{14}{25}$ de sel alkali.

L'ART de vitrifier les ossemens humains, PAR DARTIGUES.

COPIE de la réponse qu'il m'a faite à ce sujet, le 17 vendémiaire an 9.

« J'ai reçu votre lettre, du 14 de ce mois, avec la gravure du monument que vous proposez pour former des espèces de catacombes, en brûlant les corps. J'applaudis au desir que vous manifestez de ramener le respect dû aux morts; ce sentiment ne peut que vous faire honneur.

» Je vais répondre aux questions que vous me faites sur la manière de calciner les ossemens humains, de les vitrifier, d'en faire des urnes et même de faire servir le verre, que vous en obtiendrez, à la construction des parties de votre monument.

» Je ne parlerai pas des moyens à employer pour séparer les chairs des os. Ces opérations ne sont pas de ma compétence ; je me renfermerai strictement dans ce qui dépend de l'art de la verrerie. Je suppose donc les os entièrement mis à nud : c'est d'eux seuls que je vais m'occuper.

» Calciner les os humains ; les réduire en verre, seuls ou mélangés avec d'autres substances vitrifiables qui leur communiqueraient les diverses couleurs ou propriétés des différens verres communs ; appliquer à tous ces produits, la cémentation à la manière de Réaumur ; décrire les fourneaux, les creusets et les procédés pour ces opérations : enfin, dire les différens usages qu'on pourrait faire de ces produits et les moyens pour couler, moûler, souffler ou ciseler ces verres, suivant les emplois auxquels on les destinerait : tels sont, je crois, les principaux points sur lesquels vous desirez que j'entre dans quelques détails. Pour donner à chacun de ces articles tous les développemens dont ils seraient susceptibles, il faudrait faire un Traité complet de l'art de la verrerie , ce que le tems ne me permet pas, non plus que l'espace de votre Ouvrage, que vous pouvez consacrer à l'insertion de ma lettre. Je suis donc forcé de renvoyer, pour toutes les parties qui ne se trouveront pas suffisamment développées ici, à l'Ouvrage auquel je travaille encore , et qui formera un Traité sur la verrerie, aussi complet qu'il me sera possible. Vous y trouvererez ce que je ne puis vous donner dans cette lettre sur les fabrications, coupes et plans des fours de fusion, des fourneaux d'essai, et des creusets, sur les diverses vitrifications, les verres colorés, le travail du verre , et son emploi dans tous les arts où on le tourne, on le grave , on le taille, on le souffle , etc.; et enfin, sur les propriétés chymiques et physiques des différens verres. Cet ouvrage , dont le plan a été adopté par la com- mission des notices et arts de l'Institut national , pour faire suite à la collection des arts et métiers de la ci-devant Académie des Sciences , sera incessamment fini et présenté à l'Institut ; ainsi , vous pourrez y recueillir tous les éclaircissemens et les détails qui vous seront néces- saires dans tous les genres, et que les limites de cette lettre m'obli- gent d'omettre.

» Les os humains et ceux de tous les animaux sont un véritable sel terreux, composé d'acide phosphorique et de chaux, ou bien un phos- phate de chaux. Outre ce phosphate calcaire qui compose le tissu cel- lulaire des os , ils contiennent encore une certaine quantité de graisse médullaire qui s'en dégage par une longue dessication , ou par la calcination. Ainsi, la première opération qu'on doit faire subir aux os encore frais et récens, c'est de les calciner. Pendant ce tems, il s'en dégagera entr'autre une grande quantité d'huile empyreumatique ex- trémement fétide ; et les cendres blanches qui resteront , seront du phosphate calcaire assez pur. C'est dans cet état, que la cendre des os est susceptible d'entrer dans la vitrification , mêlée avec d'autres subs- tances vitrescibles, ainsi que je vais le dire ; mais si l'on veut obtenir du verre phosphorique, on est obligé d'employer d'autres manipula- tions, dans le détail desquelles j'entrerai tout-à-l'heure.

» Les

» Les os calcinés , poussés au feu , ne se vitrifieraient pas seuls, à la température ordinaire de nos fourneaux ; ils donneraient une espèce de frite ou demi-vitrification blanche, dont le coup-d'œil est assez agréable, et ressemble un peu à la porcelaine de Chine, par une apparence bleuâtre et une demi-transparence ; mais ce produit est loin d'avoir toute la solidité des porcelaines. Peut-être qu'en élevant la température , autant que possible , on obtiendrait un produit assez solide pour être employé en forme de briques , ou de plaques, aux usages que vous croiriez bons ; et , dans ce cas , je regarderais cette méthode comme la plus courte, la plus facile et la moins dispendieuse de traiter les os suivant votre projet , et de les faire entrer dans la construction de votre monument. En sortant du fourneau à calciner, les os seraient mis, sans aucune addition, dans les pots du four de fusion, et ils parviendraient à l'état demi-vitreux dont je parle ; alors, on pourrait en former , dans des moules où ils seraient comprimés et non coulés, des espèces de briques ou de plaques, dont on ferait ensuite tel ouvrage qu'on voudrait.

» Il y aurait bien un moyen certain d'obtenir, à une moindre température, cette espèce de porcelaine , ou, pour mieux dire , de frite : ce serait de faire une légère addition d'alkali, qui lierait les parties d'os , et en déterminerait plus promptement l'agglomération et le commencement de fusion ; mais le résultat qu'on obtiendrait, pourrait attirer l'humidité de l'air , et par conséquent être très-décomposable , sur-tout si l'on forçait la dose d'alkali. Ce procédé n'est cependant pas du tout à dédaigner ; et je ne doute pas que, vu son extrême simplicité d'une part, et son peu de dépense de l'autre, il n'atteigne une partie du but que vous vous proposez. Je ne craindrai donc pas d'insister sur cette opération, sauf à passer ensuite aux procédés pour faire les véritables verres.

» Quel que soit l'usage qu'on veuille faire des os, il faut les réduire en poudre après la calcination , ce qui est facile , parce qu'ils sont

9

devenus extrêmement friables. Après cela , on mélangerait cette poudre ou cendre d'os avec une partie de son poids de carbonate de soude ou de potasse, et l'on enfournerait, comme pour fondre du verre ordinaire. Il m'est impossible de désigner positivement la quantité d'alkali fixe qu'il conviendrait d'ajouter, parce que cela dépend de quelques expériences qu'il faudrait faire à ce sujet, et que je n'ai pas essayées moi-même. Au reste, je puis assurer qu'il suffirait de joindre à la cendre des os, depuis le huitième, jusqu'au cinquième ou au quart de leur poids, suivant la température à laquelle on voudrait les exposer, et le degré auquel on aurait remarqué que le produit deviendrait trop facilement altérable. On pourrait aussi substituer avantageusement à l'alkali, une dose d'oxide rouge de plomb ou minium, qui est un fondant encore plus actif et dont la nature permet de mettre une plus forte dose, parce qu'il n'est pas susceptible d'attirer l'humidité de l'air.

» En s'arrêtant juste au mélange que l'expérience indiquerait pour être le meilleur, on obtiendrait un produit assez semblable, pour la couleur et la pâte , à certains émaux blancs qu'on emploie sur les fayances, et l'on pourrait , pendant qu'il serait dans son état demi-fondu , en mouler des gâteaux en forme de briques, dans des moules à-peu-près semblables à un gaufrier ; cette pâte y serait subitement comprimée de manière à l'obliger à prendre la forme du moule. Cette manipulation très-simple donnerait la possibilité de faire une grande quantité de ces briques, de façon à pouvoir les faire servir à vos constructions mêmes , ainsi que vous parraissez en avoir le desir.

» Pour obtenir le verre phosphorique, proprement dit , il faut préparer le phosphate calcaire comme si l'on voulait en extraire le phosphore. Cette opération consiste à mélanger d'abord les cendres d'os pulvérisés, avec environ les deux tiers en poids d'acide sulfurique , et ajouter au tout environ le double de son poids d'eau. Il se produit à l'instant une vive effervescence et un grand dégagement de,

calorique ; l'effervescence passée , on ajoute encore de l'eau , et l'on
filtre le tout , en lavant bien le résidu pour en enlever tout l'acide
phosphorique libre qu'il peut contenir. Ensuite on évapore la liqueur ,
et comme il se précipite, durant l'évaporation , quelque quantité de
sulfate de chaux , on interrompt pour filtrer de nouveau : puis on
recommence l'évaporation jusqu'à consistance sirupeuse et pateuse.
Si l'on voulait obtenir du phosphore , on distillerait , avec le charbon
pilé , cet extrait animal ; mais pour faire le verre phosphorique , on
pousse le feu , et l'on opère la dessication complette de ce dernier
résidu ; enfin , on élève la température au point de le transformer en
un verre parfait , tirant sur le jaune, et qui est véritablement un
acide phosphorique vitrifié. C'est celui dont Becker a parlé , et que
vous avez cité dans votre premier Essai sur les Sépultures, publié en
l'an 7.

» Sage dit`, d'après l'expérience qu'en avait faite le ci-devant mar-
quis de Bullion, que le squelette d'un pendu avait donné vingt-sept
onces de verre animal ou phosphorique, produit infiniment petit , si
on le compare au poids total des os calcinés. Aussi ce procédé me paraît ,
plus qu'aucun autre, devenir impraticable dans un établissement
considérable, d'où l'on doit éloigner , autant que possible , toutes les
manipulations délicates et dispendieuses. Or , il est clair que cette
opération réunit les deux inconvéniens à-la-fois. Le mélange qu'il faut
faire pour séparer l'acide phosphorique par l'intermède de l'acide
sulfurique ; les lotions , filtrations et évaporations répétées, tout
cela devient coûteux, difficile, et même absolument impraticable dans
l'application en grand , telle que vous la voulez faire. D'ailleurs,
cette opération manquerait une partie du but que vous vous proposez,
de conserver les cendres des morts. En effet, vous n'en conserveriez
qu'une très-petite portion, de cette manière; puisque toute la partie
calcaire des os, formant avec l'acide sulfurique un nouveau composé,
serait absolument perdu pour la vitrification, et qu'on serait obligé

de la rejetter comme inutile et de l'enterrer, chose que vous voudriez éviter.

» Il ne me reste donc qu'à recourir à la vitrification complette, opérée à l'aide d'autres matières vitrifiables. Ce que j'ai dit sur le premier procédé, pour convertir la première cendre des os en une espèce d'émail, nous mène naturellement à la connaissance de celui-ci. En effet, si l'on mêle cette cendre, infusible par elle-même, avec une pâte de verre, dans une proportion telle, que cette pâte détermine la fusion de la cendre, on aura résolu le problême proposé. Je vais à ce sujet rapporter diverses expériences que j'ai faites, il y a quelques années, pour éprouver toutes les terres et les minéraux susceptibles de vitrification.

Première expérience. Voulant d'abord déterminer la manière dont la chaux se comporte dans la vitrification, j'ai mélangé de la chaux avec une dose de carbonate de potasse, depuis égalité en poids, jusqu'à deux et trois fois son poids, et je n'ai toujours obtenu qu'une frite légère et friable, quoique le mélange fût resté exposé pendant toute une fonte de vingt-six heures environ, au feu de fusion d'un four de verre en table.

Deuxiéme expérience. » J'ai mis à différentes fois de la chaux calcinée, du sable vitrifiable et de la potasse, partie égale de chaque. La fusion avait lieu assez facilement ; mais, dans les premiers instans, le verre qui en résultait, était d'un jaune assez foncé. Si l'on continuait à le laisser quelque tems dans le four, la couleur se dissipait peu-à-peu ; et bientôt le verre, devenu blanc, n'offrait plus que de petites cristallisations à la superficie du creuset d'épreuve. Ce verre était très-susceptible d'être cémenté et converti en porcelaine de verre, comme je le dirai plus bas. Le résultat de cette seconde expérience, comparé avec celui de la précédente, m'a confirmé ce que plusieurs Savans avaient déjà reconnu, que l'action des diverses terres, les unes sur

les

les autres, déterminent une plus prompte fusion. En effet, nous avons
vû que la terre calcaire seule avait résisté à l'action de deux et trois
parties de fondans salins, tandis que mêlée avec égale quantité de
terre siliceuse, il n'a fallu que la moitié du poids total pour décider
la fusion; c'est ce qui m'a déterminé à faire toujours entrer du sable
dans les compositions suivantes; ce qui est d'autant plus essentiel pour
l'application que vous voulez en faire, que le sable ajoute à la solidité
et à la perfection du verre qui en résulte.

Troisième expérience. « Sans entrer dans le détail des différentes
doses que j'ai éprouvées, afin de juger celles qui conviendront pour
faire un verre composé de cendres d'os, je vais seulement rapporter
les procédés qui m'ont réussi, et je passerai sous silence les épreuves
dont les résultats ont été négatifs.

» J'ai reconnu qu'en prenant pour première pâte de verre, neuf
parties de sable et six de potasse, on pourrait ajouter à ce mélange
quinze parties de cendre d'os calcinés. Ce mélange est le *maximum*
de ce qu'on peut mettre de cendre d'os, et même il fond assez diffi-
cilement; mais si l'on ne met que dix ou douze parties de ces cendres,
l'on obtient un verre bien fondu et transparent, tirant un peu pour
la couleur sur le verd de pomme; s'il est opposé aux rayons de la
lumière, il les réfracte en orangé trés-vif, sur-tout vers la partie du
fond du creuset où le verre n'a pas été léché par la flamme. Ces diverses couleurs lui donnent une apparence chatoyante fort agréable;
mais si le creuset reste un peu long-tems au feu, ces couleurs se dis
sipent, et le verre reste parfaitement incolore ou légèrement ver-
dâtre.

» L'on peut prendre également, pour première pâte, une partie de
minium, ou oxide rouge de plomb, une de potasse et trois de sable,
et faire l'addition des os calcinés, comme dans le procédé qui précède.

» Enfin, l'on peut varier à volonté la nature des substances vitrifiables qui composent cette première pâte de verre, et ne prendre, pour fondant que du minium, ou substituer à la potasse le carbonate de soude, le nitrate de potasse, le borax ou tout autre fondant salin.

» Quoique les os calcinés sur lesquels j'ai opéré fussent des os de bœuf et de mouton, mes résultats ne doivent pas moins servir de règle pour ceux qu'on obtiendrait avec des os humains. Jusqu'à-présent les analyses chimiques ne nous ont pas appris qu'il y eût de différence, du moins sensible, entre ces diverses substances ; mais s'il en existait une, elle ne pourrait-être que légère, et ce serait à l'artiste à faire les petits changemens nécessaires dans l'application des principes que je viens de poser.

» Le verre qu'on obtiendrait par ce procédé, aurait la propriété de tous les verres qui contiennent une grande quantité de matières calcaires, celle de se décomposer facilement par la cémentation ; ainsi, l'on pourrait, à l'aide d'une courte cémentation dans du plâtre ou de la chaux, restituer à ce verre l'apparence d'une porcelaine, ou d'une terre cuite. Mais je pense, que si l'on avait cette intention, il serait plus court de se servir du premier procédé que j'ai décrit, et qui parviendrait directement au même but ; savoir, de fritter les cendres d'os avec une petite quantité de fondant, pour en faire un émail blanc.

» Quand la dose des os calcinés est un peu forcée dans la dernière composition du verre, il n'y a pas même besoin de cémentation pour lui donner l'apparence de porcelaine. Si l'on chauffe ce verre un peu de tems, ou à différentes reprises, comme l'on fait quand on travaille une pièce de verre, qui ne peut être achevée du premier coup, on le voit blanchir assez rapidement, perdre sa transparence et toutes ses propriétés vitreuses, pour devenir une porcelaine, appellée porcelaine de Réaumur. C'est pourquoi l'on devrait faire attention, s'il fallait qu'il fût travaillé chaud, de ne pas mettre tout-à-fait tant d'os calcinés.

» Si l'on veut faire servir ces verres à des ornemens, il est facile de leur donner telle couleur que l'on desire, en faisant entrer dans leur composition les oxides métalliques qui ont la propriété de communiquer des couleurs au verre ; ainsi, l'on peut également en faire des émaux, ou des verres colorés transparens, suivant qu'on aura fabriqué la prémière pâte, ou en blanc opaque, ou bien en verre incolore transparent. Je ne puis entrer ici dans le détail des divers procédés qu'on emploie pour ces colorations, cela m'entraînerait à écrire un volume ; mais on trouvera des renseignemens à cet égard dans plusieurs Auteurs. J'ai moi-même traité assez à fond cette matière dans l'Ouvrage que je compose.

» Je dois aussi renvoyer au même Ouvrage pour vous mettre à portée de connaitre les fours et fournaux qui seraient nécessaires dans ces opérations. Il me suffit de dire ici qu'un seul four de fusion, avec ses arches serait tout ce qu'il faudrait pour la calcination des os, la fonte du verre et sa recuisson ; et comme il m'est impossible de donner tous les détails qui conviendraient à ce sujet, je vais passer à la manière d'employer le verre que l'on pourrait obtenir par les méthodes précédentes.

» Il se présente naturellement à l'idée plusieurs moyens de travailler ces verres, afin que leur forme puisse contribuer, ainsi que leur nature, à diminuer l'aspect hideux de la mort. Le premier de ces moyens, celui qui flatte le plus une imagination religieuse, serait, ainsi que vous l'avez proposé, de couler avec ce verre, un petit buste dans un creux, qui, aurait été fait du vivant de la personne, et qui serait son portrait. Il ne faut qu'un cœur pour sentir ce qu'aurait de consolant, pour une ame tendre la possession d'un buste, d'une matière agréable, qui renfermerait l'inappréciable avantage d'être le portrait et la substance identique d'un père, d'une mère, d'une épouse, d'un enfant, d'un ami, de tout être qui nous fut cher. Mais arrachons-nous aux prestiges de notre imagination, et calculons froidement. s'il se peut, les moyens de retirer de l'horreur des tom-

beaux , les restes précieux de ceux qui se sont fait aimer durant leur
vie. Malheureusement il ne me paraît pas praticable de couler du
verre dans un moule. Il faudrait pour cela que le verre chaud eut une
fluidité dont il n'est pas susceptible. Sa consistance, quand il est en
fusion, est celle d'un miel un peu épais, et dès-l'instant où il touche un
corps froid, sa superficie perd subitement une certaine quantité de
calorique , qui ne lui est pas restituée, par la masse intérieure, parce
que le verre est très - mauvais conducteur de ce fluide. Cette perte
subite de calorique durcit à l'instant la superficie , et l'empêche de
se mouler exactement sur les petites lignes saillantes et enfoncées ,
qui composent les traits d'une figure. La première idée qui vient pour
surmonter cet inconvénient , c'est de chauffer fortement le moule ,
afin qu'il ne refroidisse pas le verre qu'on y coulerait ; mais alors le
verre s'attacherait a ce même moule , et l'on ne pourrait plus l'en
retirer qu'en le brisant en mille pièces. D'ailleurs , j'ai déja dit que
la consistence pâteuse du verre ne permettait pas de le couler comme
un métal liquide : la seule maniére de le mouler , c'est d'en prendre
une certaine masse , et de le comprimer fortement entre deux portions
de moule : encore ne doit - on pas attendre de cette méthode une
bien grande délicatesse dans les traits marqués sur le verre. Le meilleur moyen , suivant moi, serait de faire, en bas-relief, le portrait
qu'on voudrait avoir, de mouler un creux sur ce bas-relief, et ensuite de couler le verre sur ce creux , où il pourrait-être d'autant
mieux imprimé , qu'il serait possible d'employer des moyens mécha-
niques pour appuyer avec force du côté opposé à l'effigie. D'ailleurs,
les traits d'un médaillon en bas-relief, étant moins élevés, le verre
les recevrait plus facilement, dans un creux', de cette nature que dans
tout autre cas.

» Ce que je viens de dire sur l'impossibilité de couler un buste,
doit nécessairement s'appliquer à la même opération qu'on voudrait
faire pour avoir des ouvrages délicats.

» La

» La gravure nous offre un moyen plus sûr d'obtenir des figures ou autres ouvrages en verre ; mais il y a très-peu de bons ouvriers dans ce genre , et je ne crois pas même qu'on en trouve qui puissent exécuter une tête en bosse , si ce n'est peut-être parmi les graveurs en pierres fines. La dureté et la rigidité du verre ont toujours éloigné les artistes d'un travail aussi ingrat ; et s'il est vrai qu'on trouve chez les Anciens des ouvrages de verre, tournés, gravés et ciselés, avec la plus grande délicatesse , c'est qu'ils n'avaient pas l'art de le souffler , porté au même degré de perfection qu'il l'est aujourd'hui. Je suis loin de croire qu'on ne pourrait pas former des ouvriers capables de réparer , ou plutôt d'achever un buste coulé , et même d'en ciseler un dans un bloc de verre ; mais je pense qu'il faudrait long-tems pour former un pareil ouvrier, et que les ouvrages qui naîtraient sous sa molette seraient d'un prix énorme, par le tems qu'il y aurait employé , et par la difficulté du travail. Ainsi, toutes les tentatives devraient se porter sur les moyens de mouler le mieux possible ; et celui que je donne pour verser le verre sur le creux d'un bas-relief, et l'y comprimer fortement, me paraît le plus facile, et, en même-tems, celui qui donnerait le meilleur résultat.

» Si l'on ne peut obtenir dans le moule des formes délicates et régulières pour le verre, le soufflage nous dédommage en partie, en nous procurant des moyens de faire des vases, des urnes, ainsi que tous les autres ouvrages que l'on voit en verre, et qui sont presque toujours soufflés. Le *tailleur* et le *graveur* apportent ensuite le tribut de leur art pour y ajouter des ornemens ; mais tout leur talent se borne ordinairement, de la part du tailleur, à faire, avec des roues assez grandes, quelques entailles, diversement mélangées, pour réfracter et réfléchir la lumière avec plus d'éclat ; et de la part du graveur à creuser avec des molettes la superficie du verre, pour y tracer quelques légers dessins.

» Je vous ai dit les diverses méthodes par lesquelles on peut par-

venir à faire du verre avec la cendre des os ; je vous ai fait connaître ensuite le peu de moyens que la nature du verre nous donne
pour le travailler ; vous voyez maintenant quelles sont toutes les res-
sources que l'art de la verrerie peut vous offrir dans son état actuel,
soit que vous ayez intention d'employer les procédés que je vous indique à la construction ou à l'embellissement de votre monument,
soit que vous préfériez, dans certaines circonstances, les réserver
pour des cas particuliers, comme lorsqu'il s'agira de faire des bustes,
des médaillons, ou des urnes pour ceux à qui ces restes seraient chers.

» Je vous laisse donc le soin de faire l'application des principes et
des procédés ; et je finis en partageant votre desir de voir mes conci-
toyens revenir, d'une manière quelconque, à des sentimens plus res-
pectueux pour les morts. »

      Signé, DARTIGUES, ancien directeur de la verrerie de
Müntzthal.

PRODUCTION d'une pièce authentique, qui démontre le plagiat dont je me suis plaint dans le Journal de Paris, du 12 germinal an 8.

DÉPARTEMENT DE LA SEINE.

« JE soussigné, Archiviste de la Préfecture du Département de la Seine, certifie que P. GIRAUD, Architecte du Palais de Justice, etc. a déposé cejourd'hui aux Archives de ladite Préfecture, comme un hommage qu'il lui fait de son travail, 1°. le plan, la coupe et l'é-lévation d'un Monument Sépulcral pour la ville de Paris, et le Département de la Seine, propre à la dissolution des chairs et à la vitrification des ossemens humains.

« 2°. Un exemplaire de son Essai sur le même sujet, composé en l'an 4, et imprimé en l'an 7, dans lequel cet Artiste développe sommairement ses idées à cet égard.

» 3°. Sa lettre au Préfet du Département, en date du 14 de ce mois; le tout enregistré, le même jour, au secrétariat.

» Au bas desquels plan, coupe et élévation, est annexée la note suivante :

» Ces plan, coupe et élévation sont les mêmes que ceux remis dans leurs cadres, en présence du citoyen G. LAGRANGE, chef du bureau de Police civile, militaire et administrative dudit Département, le 11 nivose an 7, au citoyen C . . . . . , alors administrateur, et qui ont resté déposés dans son cabinet, jusqu'à sa retraite, arrivée au mois de Messidor dernier. »

Signé, GIRAUD,

Et certifié ; *Signé*, G. LAGRANGE.

A Paris, ce 25 Germinal an 8,

Signé, MARQUIS, Archiviste.

Note de l'Auteur. Le même jour, 11 nivose an 7, et au même instant, toujours en présence du citoyen Lagrange, je confiai également au citoyen C . . . . . , copie de mon manuscrit, et deux échantillons de verre phosphorique, provenant d'ossemens humains.

La

La pièce que je viens de produire serait susceptible d'un dévelop-
pement, que je supprime par égard pour mes lecteurs. Il est toujours
désagréable d'entretenir le public de disputes polémiques, et de
laisser des impressions fâcheuses sur des personnes qui, sous plusieurs rapports, méritent quelque considération. Je parle du citoyen
C . . . . ., *dont j'admire l'éloquence, l'érudition et les connaissances
profondes sur l'antiquité.* Il vaut beaucoup mieux user d'une sage discré-
tion, que de publier des détails dont la plupart contiennent des
reproches fondés, et qu'on regarde néanmoins comme des invectives
ou des récriminations. Ceux qui me connaissent ne me prêteront
jamais de pareils motifs, ils savent combien ils sont opposés à ma
façon de penser et à mon caractère.

Mais provoqué d'une manière audacieuse, et tout à-la-fois gros-
sièrement injurieuse, par le citoyen *Molinos*, mon honneur veut que
je lui réponde par des titres et avec cette tranquillité d'ame qui annonce
une bonne cause.

J'invite donc comme lui tous mes lecteurs, à comparer la forme
de son plan avec celle du mien ; à se rappeller les dates de leur
composition respective ; (1) à remarquer le placement des quatre
portes d'entrée, correspondantes aux quatre points cardinaux,
celui de la pyramide au centre du monument sépulcral, et sur-tout
à jetter un coup-d'œil sur le trépied antique qui la couronne, ce
que personne avant moi n'avait hasardé, et que cependant le citoyen
Molinos a copié sans s'appercevoir que c'était un cachet que je plaçais
pour reconnaître les indiscrets.

J'invite encore tous les hommes sans prévention, à ne pas perdre
de vue, que le citoyen *Molinos* a travaillé sous la dictée du citoyen
C, ..., dépositaire pendant plus de six mois, de mes plan

---

(1) Mon plan date de l'an 4, celui du citoyen Molinos, de l'an 8.

coupe et élévation , auxquels je n'ai pas dérogé ; que , comme architecte du lieu des séances de l'administration , il est obligé de visiter souvent la totalité des pièces occupées par elle , ainsi que je le faisais avant ma démission de cette place ; que mes dessins étaient exposés à la vue de tous ceux qui allaient dans le cabinet du ci'oyen C . . . . . ; et enfin , que j'en ai imprimé et publié l'ensemble et les détails , plus de cinq mois avant que cet administrateur fît, au Département, son rapport sur les sépultures ; alors on pourra juger sans discussion.

J'abandonne à quelques artistes , que je connais parfaitement , et qui, comme moi, ont un droit incontestable de se plaindre des entreprises inconsidérées du citoyen *Molinos*, le soin de revendiquer ce qui leur appartient , parmi les planches à la suite de l'ouvrage intéressant du citoyen C . .

G I R A U D.

E R R A T A.

PAGE 1ᵉʳᵉ., ligne 4. Le degré desa. Lisez le degré *de sa.*

Pag. 8, lig. 23. Effacez *cependant.*

Pag. 18, lig. 6. De colonnes d'arcades. Lisez de *colonnes et d'arcades.*

Même pag., lig. 8. Sépulchrales. Lisez *sépulcrales.*

Pag. 19, lig. 19. Gelées. Lisez *gelée.*

Pag. 24, lig. 11 Ciope. Lisez *cippe.*

Pag. 25, lig. 23. Les leur. Lisez *les leurs.*

Même pag. lig. dernière. Aïeuls. Lisez *Aïeux.*

Pag. 26, lig. 7. Ils puissent. Lisez *Ils pussent.*

PLAN ET COUPE

Plan d'un Monument Sépulcral, projeté pour le Département de la Seine, avec tous les accessoires propres à la Dissolution des Chairs et à la Pétrification des Ossemens humains.

Composé en l'An IX et publié en l'An XII, par Giraud, Architecte du Palais de Justice, des Prisons et Maisons d'Arrêt du Département.

ÉLÉVATION PERSPECTIVE

D'un Monument Sépulcral, projeté pour le Département de la Seine, avec tous les accessoires propres à la Dissolution des Chairs et à la Vitrification des Ossemens humains. Composé en l'an IX et publié en l'an XII, par Giraud, Architecte du Palais de Justice, des Prisons et Maisons d'Arrêt du Département.

0 1 2 3 4 5 6 7 8 9 10

www.ingramcontent.com/pod-product-compliance
Lightning Source LLC
Chambersburg PA
CBHW051641060726
47597CB00004B/1655